AF358947

LETTRES

DU CONGRES GENERAL

DE

PHILADELPHIE.

Aux Habitans des Colonies Americaines
& au Peuple de la Grande Bretagne
suivies de l'Extrait de leur
Refolutions.

Traduit de l'Anglois.

A LONDRES,

MDCCLXXV.

EXTRAIT

DES

DÉLIBÉRATIONS

ET

RÉSOLUTIONS

DU CONGRÈS

DES

AMÉRICAINS

DU CONTINENT,

Assemblés à Philadelphie le 5 Septembre 1774.

PUBLIÉ PAR ORDRE DU CONGRÈS.

A

EXTRAIT

DES

DÉLIBÉRATIONS

ET

RÉSOLUTIONS

DU CONGRÈS

DES

AMÉRICAINS

DU CONTINENT.

Vendredi 14 *Octobre* 1774. *Le Congrès a formé les Résolutions suivantes.*

D'AUTANT que, depuis la fin de la dernière guerre, le Parlement Britannique, s'arrogeant le pouvoir, ou le droit, de soumettre les peuples Américains à ses Statuts dans tous les cas quelconques, a dans quelques-uns de ses Actes imposé expressément des taxes à lever sur ces peuples, dans d'autres ordonné, sous divers prétextes, mais au fond pour augmenter les revenus de l'Etat, de lever des taxes & des droits payables dans ces Colonies, établi un Bureau & des commis munis de pouvoirs que la Constitution n'avoue point, & donné de l'extension à la jurisdiction des Cours de l'Amirauté, non-seulement pour percevoir les dits droits, mais aussi pour connoître des causes qui concernent purement l'intérieur de la corporation de l'un ou l'autre Comté :

D'autant encore que, en conséquence d'autres Statuts, des Juges, qui ne tenoient auparavant les états qu'à volonté dans leurs offices, ont été faits dépendants de la COURONNE SEULE pour leurs salaires ; que des Armées permanentes ont été entretenues en temps de paix ; que le Parlement a dernierement résolu, *qu'en vertu d'un Statut de la trente-cinquieme année du Roi Henri VIII, les Colons accusés de trahison, ou de réticence criminelle de trahisons commises dans les Colonies, pourront être transportés en Angleterre, afin d'y être jugés ;* & qu'il y a eu en effet de telles procédures dirigées par un des derniers Statuts, où l'on peut voir les cas énoncés :

D'autant encore que, dans la derniere session du Parlement, trois Statuts ont été faits : l'un intitulé, *Acte pour discontinuer de débarquer & décharger, embarquer & charger, des marchandises & denrées, à la ville & au port de Boston, dans la Province de Massachusetts-Bay, dans l'Amérique septentrionale :* un autre intitulé, *Acte pour mieux régler le Gouvernement de la Province de Massachusetts-Bay dans la Nouvelle Angleterre :* un autre intitulé, *Acte pour l'administration impartiale de la justice, dans les cas de personnes reprises pour quelque action faite par elles en exécution des loix, ou pour la suppression des émeutes & tumultes, dans la Province de Massachusetts-Bay dans la Nouvelle Angleterre.* Auxquels on ajouta alors un autre Statut, *pour pourvoir plus efficacement au Gouvernement de la Province de Quebec*, &c. Tous lesquels Statuts font INCIVILS, INJUSTES, CRUELS, CONTRAIRES A LA CONSTITUTION, très dangereux, & deſtructifs des droits Américains:

D'autant enfin que, contre les droits du peuple, on a fréquemment diſſout des aſſemblées, lorsqu'elles ont voulu délibérer ſur des griefs; & que leurs adreſſes à la couronne les plus ſoumiſes, les plus humbles, les plus loyales & les plus raiſonnables, ont été fréquemment traitées avec mépris par les miniſtres d'Etat de Sa Majeſté:

A ces cauſes, les bons peuples des diverſes Colonies, ſavoir du Nouveau Hampshire, de Maſſachuſetts-Bay, Rhode-Island, Providence & Connecticut, de la Nouvelle-York, Nouv. Jerſey, Penſylvanie, Newcaſtle, Kent & Suſſex ſur Delaware, Maryland, Virginie, Caroline Septentrionale & Méridionale, juſtement allarmés de ces procédés ARBITRAIRES du Parlement & du Gouvernement, ont reſpectivement élu, conſtitué & déſigné des Députés, pour s'aſſembler & former un Congrès général à Philadelphie, afin d'obtenir un établiſſement, qui prévienne la ſubverſion de leur Religion, de leurs Loix & de leurs Libertés. Sur quoi les Députés ainſi déſignés ſe trouvant maintenant aſſemblés en Corps repréſentatif complet & libre de ces Colonies, ayant conſidéré ſérieuſement & mûrement quels ſont les meilleurs moyens de parvenir aux fins ſusdites, commencent, ainſi que les Anglois leurs ancêtres ont eu coutume de faire pour revendiquer leurs Droits & leurs Libertés, par DÉCLARER:

Que les habitans des Colonies Angloifes de l'Amérique feptentrionale, en vertu des Loix immuables de la Nature, des Principes de la Conftitution Angloife, & de diverfes Chartres ou Pactes, ont les Droits fuivants.

Résolu, N. C. D. (*Nemine contra dicente*, c. à d. *unanimement*) 1. Qu'ils ont droit de prétendre à la Vie, à la Liberté, & à la Proprieté; & qu'ils n'ont jamais cedé, à aucun pouvoir fouverain, le droit de difpofer fans leur confentement de quel que ce foit de ces biens.

Résolu, N. C. D. 2. Que ceux de nos ancêtres, qui les premiers s'établirent dans ces Colonies, avoient, au temps de leur émigration de la patrie commune, la plus jufte prétention à tous les Droits, Libertés & Immunités, dont jouiffent des Sujets libres & nés dans le Royaume d'Angleterre.

Résolu, N. C. D. 3. Que par une telle émigration ils n'ont nullement forfait, réfigné, ni perdu aucun de ces Droits; au contraire qu'ils avoient, & que leurs defcendans ont aujourd'hui, la plus jufte prétention à l'exercice & à la jouiffance de tous ceux de ces Droits dont leur local & leurs autres circonftances leur permettoient cet exercice & cette jouiffance.

Résolu, N. C. D. 4. Que la bafe de la Liberté Angloife, & de tout Gouvernement libre, c'eft le Droit qu'a le peuple de participer à l'Affemblée revêtue du pouvoir légiflatif. Or comme les Colons Anglois ne font POINT REPRÉSENTÉS, & que, par leur local & leurs autres circonftances, ils ne fauroient l'être duement dans le Parlement Britannique;

ils ont droit de prétendre à un pouvoir légiflatif libre & exclufif dans leurs Provinces refpectives, parce que ce n'eft que là, & nulle autre part, que leur Droit de repréfentation peut leur être confervé dans tous les cas de taxation & de gouvernement intérieur, qui ne font fujets qu'à la négative de leur Souverain, de la maniere ufitée ci-devant. D'un autre côté, confidérant la néceffité du cas, & ayant égard aux intérêts mutuels de l'une & l'autre partie, nous confentons de bon cœur à l'opération de tels Actes du Parlement Britannique, qui, de bonne foi, font reftreints à régler notre commerce externe, afin d'affurer à notre Métropole les avantages du commerce de tout l'Empire, & à fes membres refpectifs leur jufte bénéfice dans ce commerce : bien entendu que ceci exclut toute idée de taxation interne ou externe, dont le but feroit de lever un Revenu fur les fujets Américains fans leur confentement.

Résolu, N. C. D. 5. Que les Colonies refpectives prétendent, avec juftice, à être traitées felon le Droit coutumier de l'Angleterre, & notamment au grand privilege d'être JUGÉS PAR LEURS PAIRS DU VOISINAGE, conformément à la procédure de ce Droit.

Résolu, N. C. D. 6. Que ces Colonies ont droit au bénéfice de tels ou tels Statuts Anglois, qui exiftoient dans le temps où elles ont été formées, & lesquels l'expérience leur a refpectivement fait trouver applicables au local & aux autres circonftances de chacune.

Résolu, N. C. D. 7. Que ces Colonies de Sa Majefté, ont droit auffi à toutes les immunités & à tous les privileges, qui leur ont été accordés & confirmés par des Chartres royales, ou confervés dans les Codes des Loix provinciales de chacune.

RÉSOLU, N. C. D. 8. Qu'elles ont le Droit de s'affembler paifiblement, de mettre en délibération leurs griefs, & de préfenter Requête au Roi ; & que toute pourfuite, toute proclamation, tout emprifonnement, qui tend à les en empêcher, eft contraire à la Loi.

RÉSOLU, N. C. D. 9. Que l'entretien d'une Armée permanente dans ces Colonies, en temps de paix, fans le confentement de la Puiffance légiflative de la Colonie où l'on entretient une telle Armée, eft CONTRAIRE A LA LOI.

RÉSOLU, N. C. D. 10. Qu'il eft indifpenfablement néceffaire dans un bon Gouvernement, & devenu effentiel par la Conftitution Angloife, que les branches qui conftituent la Légiflation, foient indépendantes l'une de l'autre ; que, par conféquent, l'exercice du pouvoir légiflatif, attribué dans plufieurs Colonies par la Couronne à un Confeil qu'elle a créé pour le temps qu'il lui plaira, eft CONTRAIRE A LA CONSTITUTION, dangereux, & tend à détruire la liberté de la Légiflation Américaine.

Tous les Députés fusdits en général, & chacun en particulier pour fes Conftituans & pour lui-même, réclament, prétendent, & perféverent à prétendre ces Droits & ces Libertés, comme leur appartenant indubitablement, & ne pouvant légitimément leur être ôtés, altérés ou diminués par quelque puiffance que ce foit, fans leur confentement, ni autrement que par leurs Repréfentans dans leurs Corps de Légiflation provinciale refpectifs.

A mefure que nous avancions dans nos Recherches, nous avons été frappés de plufieurs infractions & violations des Droits fufdits, lesquelles nous pafferons fous filence pour le préfent, par le defir ardent qui nous anime de voir rétablir l'harmonie, & cet échange réciproque de fentimens affectueux qui doit avoir lieu entre ceux dont les intérêts font les mêmes; & nous n'allons infifter que fur ces Actes, & fur ces mefures prifes depuis la derniere guerre, qui dénotent manifeftement le projet formé, adopté & réduit en Système, d'impofer à l'Amérique le joug de l'Esclavage.

Résolu, N. C. D. Que les Actes fuivants du Parlement font des infractions & des violations des Droits des Colons, & que leur révocation eft effentielle, & néceffaire pour le rétabliffement de l'harmonie entre la Grande-Bretagne & les Colonies Américaines: Savoir.

Les divers Actes de la 4. année de George III, ch. 15 & ch. 34. —— de la 5. année de George III, ch. 25. —— de la 6. année de George III, ch. 52. —— de la 7. année de George III, ch. 42 & ch. 46. —— de la 8. année de George III, ch. 22. Lesquels Actes impofent des droits dans la vue de tirer un Revenu de l'Amérique, étendent le pouvoir des Cours de l'Amirauté au-delà de fes anciennes limites, privent les fujets Américains du privilege d'être jugés par des Jurés, admettent le certificat d'un Juge pour faire indemnifer le pourfuivant des dépens auxquels il pourroit être condamnable, tandis qu'ils exigent des sûretés ruineuses de celui qui réclame des vaisseaux ou effets saisis avant de lui permettre de défendre son bien, & tendent enfin à la subversion des Droits Américains.

Comme aussi l'Acte de la 12. année de George III, ch. 24. *pour mieux garder les chantiers, magasins, vaisseaux, munitions, &c. de sa Majesté.* Lequel Acte fait connoître un nouveau délit en Amérique, & prive les sujets Américains du droit d'être jugés, selon la Constitution, par des Jurés du voisinage, en autorisant l'évocation de la cause d'une personne, chargée d'avoir commis hors du Royaume quelqu'un des délits indiqués dans l'Acte, pour être jugée dans un Comté quelconque de l'intérieur du Royaume.

Comme aussi les trois Actes passés dans la derniere session du Parlement, pour fermer & bloquer le Port & Havre de Boston; pour changer la Chartre & le Gouvernement de Massachusetts - Bay ; & celui qui a pour titre, *Acte pour mieux administrer la justice, &c.*

Comme aussi l'Acte passé dans la même session pour établir la Religion Catholique Romaine dans la Province de Quebec, Acte qui abolissant le système équitable des Loix Angloises, établit à sa place une vraie TYRANNIE dans cette contrée, & commettant ainsi ensemble des religions, loix & gouvernement si peu compatibles, met dans un danger éminent les Colonies Britanniques voisines, dont le sang & les trésors ont servi à conquérir la contrée sur la France.

Comme auffi l'Acte paffé dans la même Seffion pour procurer des quartiers plus convenables aux Officiers & Soldats qui fervent fa Majefté dans l'Amérique feptentrionale.

Comme auffi l'entretien d'une Armée permanente dans diverfes de ces Colonies en temps de paix, fans le confentement du Corps légiflatif de la Colonie où une telle Armée eft entretenue : ce qui eft CONTRAIRE A LA LOI.

RÉSOLU, Que l'on confeillera au peuple de Bofton & de Maffachufetts Bay, de fe conduire toujours paifiblement envers S. Exc. le Général Gage, & envers les troupes de fa Majefté poftées préfentement dans la ville de Bofton, pour autant qu'une telle conduite peut compâtir avec la fûreté de leurs perfonnes & de leurs villes ; d'éviter, & d'empêcher toute violation de ce qui appartient à fa Majefté ; de ne point infulter fes troupes ; & de continuer avec des fentimens pacifiques, mais fermes, à fe tenir fur la défenfive, comme ils ont fait jufqu'ici.

RÉSOLU, Que puifqu'il eft contraire à la Loi, d'arrêter, ou d'entreprendre d'arrêter aucune perfonne en Amérique, pour la tranfporter de-là la mer, afin de lui faire fon procès, pour délits commis parmi une fociété civile Américaine ; l'on oppofera une jufte & néceffaire RÉSISTANCE, de juftes & néceffaires REPRÉSAILLES, à une telle violence.

SAMEDI 22 OCTOBRE.

RÉSOLU, Comme étant l'opinion du Congrès, qu'il fera néceffaire de tenir un Congrès le 10 de Mai prochain , à moins que l'on n'ait obtenu avant ce temps la Réforme défirée des abus dont nous nous plaignons. —— Nous opinons auffi pour la tenue de ce Congrès à Philadelphie, & pour recommander à toutes les Colonies de l'Amérique feptentrionale de nommer le plutôt poffible des Députés pour un tel Congrès.

MARDI 25 OCTOBRE.

RÉSOLU, Que le Congrès, tant au nom de chacun des Députés, que de la part de ceux qu'ils repré-fentent, témoignent toute leur reconnoiffance à ces Avocats vraiment nobles, refpectables & patriotiques de la Liberté civile & religieufe, dont la générofité a époufé & défendu fi puiffamment, quoique fans fuc-cès, la caufe de l'Amérique, tant en Parlement que hors de cette affemblée. „

La Copie d'une Lettre au Général Gage fut pré-fentée alors au Congrès, conformément aux ordres duquel elle fut fignée par le Préfident. En voici la teneur :

Philadelphie 10 *Octobre* 1774.

MONSIEUR,

Les habitans de la ville de Bofton nous ont infor-més, nous les Repréfentans des fideles fujets de fa Majefté dans toutes les Colonies depuis la Nouvelle-Ecoffe jufqu'à la Géorgie, que les fortifications qu'on élève dans cette ville, les invafions fréquen-tes de la propriété des particuliers, & les infultes réitérées qu'ils reçoivent des troupes, ne leur don-

nent que trop fujet de craindre, que l'on n'ait formé
un plan très deftructif à leur égard, & tendant à ren-
verfer les libertés de l'Amérique.

Votre Excellence ne fauroit ignorer, ni avec quel
œil l'Amérique regarde les derniers Actes du Parlement, fous l'exécution defquels ces infortunés opprimés gémiffent, ni l'approbation expreffe & univer-
félle qu'a remporté leur conduite, ni la réfolution dé-
terminée dans laquelle font les Colonies, pour la
préfervation de leurs Droits communs, d'unir leurs
efforts pour s'oppofer à ces Actes. —— En conféquence de ces fentimens elles nous ont confié la garde de leurs droits & de leurs libertés; & nous voyons
avec la plus profonde douleur, tandis que nous cher-
chons à prendre les mefures les plus foumifes &
les plus pacifiques pour amener les chofes à une ré-
conciliation fincere & folide entre la Grande-Bretagne & les Colonies, Votre Excellence en venir à des
procédés dont l'apparence eft fi hoftile, & que ces
Actes-mêmes, tout oppreffifs qu'ils font, n'autorifent
point.

Nous conjurons Votre Excellence, de confidérer
l'effet qu'une telle conduite doit produire fur un peuple, difpofé jufqu'ici à ne recourir qu'à des mefures
pacifiques, en l'irritant, & le pouffant à commettre
des hoftilités, qui pourroient fruftrer les efforts que
fait le Congrès pour le rétabliffement d'une bonne in-
telligence avec la Puiffance notre Mere, & nous plon-
ger dans les horreurs d'une guerre civile.

Cela étant, pour tranquillifer les efprits, & dis-
fiper l'ombrage qu'ils ont pris avec tant de raifon,
afin qu'ils ne foient point précipités dans un état de

défefpoir, perfuadés, comme nous le fommes, de leurs difpofitions pacifiques envers les troupes du Roi, dès-lors qu'ils n'auroient pas à craindre pour leur propre fûreté; nous efpérons, Monfieur, que vous difcontinuerez de faire travailler à des fortifications, foit dans Bofton, foit dans les environs; que vous préferverez la propriété des particuliers de toute invafion ultérieure; que vous réprimerez la licence du Soldat; & que vous donnerez ordre que la communication entre la ville & la contrée foit ouverte, non moleftée, & libre.

Signé par ordre & de la part du Congrès général,

PEYTON PANDOLPH, Préfident.

LETTRE *du Congrès Général aux Habitans des Colonies Américaines.*

AMIS & COMPATRIOTES,

Nous, les Délégués nommés par les bons Peuples des Colonies pour nous affembler à Philadelphie en Septembre dernier, aux fins motivées par nos Conftituans refpectifs, avons, en conféquence de la commiffion qui nous a été donnée, formé l'Affemblée, & fait des importantes matieres recommandées au Congrès l'objet de nos plus férieufes confidérations. Nos Réfolutions fur ce fujet vous feront communiquées avec la préfente. Mais comme la fituation des affaires publiques devient de jour en jour plus CRITIQUE, & qu'il peut vous être plus agréable d'être informés par nous en Corps, plutôt qu'autrement, des fentimens pleinement & librement discutés & approuvés par les Repréſentans d'une ſi grande partie de l'Amérique ; nous nous croyons obligés d'ajouter cette Adreſſe aux Réſolutions que nous avons arrêtées.

Toutes les fois qu'un peuple ſe trouve dans le cas de réſiſter à ſes Conducteurs, ou un Etat de s'oppoſer à un autre, ce que l'on doit au Tout-puissant, Créateur de tous, exige que l'on juge avec vérité, & ſans partialité, des meſures qui conduiſent à l'oppoſition ou à la réſiſtance, & des cauſes qui l'ont provoquée ou qui peuvent la juſtifier, & qui, ne permettant ni à l'affection d'un côté, ni au reſſentiment de l'autre, de donner aux raiſons plus de poids qu'elles n'en ont par elles-mêmes, l'on ſe mette en état d'enviſager ſans paſſion toutes les circonſtances, & d'aſſeoir la conduite publique ſur les ſolides fondemens de la ſageſſe & de la juſtice.

Des aſſemblées ainſi tempérées produiſent l'eſpérance la mieux fondée de la faveur divine, les encouragemens les plus puiſſans pour les parties provoquées, & la recommandation la plus forte de leur cauſe auprès du reſte des hommes.

Pénétrés du ſentiment de ces vérités, nous avons, avec toute l'exactitude, la circonſpection & le calme poſſibles, paſſé en revue ces opérations du pouvoir légiſlatif & exécutif de la Grande-Bretagne, qui ont tant troublé l'Amérique ; & la même attention, le même ſcrupule, ont été apportés auſſi à l'examen de la conduite des Colonies. Après tout, nous nous ſommes vus réduits à l'alternative déſagréable, ou de trahir les innocents en nous taiſant, ou de parler clair, & cenſurer ceux que nous voudrions révérer. L'honnêteté, & ce que nous devons à notre pays, ne nous ont pas permis d'héfiter fur le choix que nous avions à faire de l'un de ces partis également facheux.

La conclufion de la derniere guerre eft l'époque du changement mémorable qu'on a apporté dans la maniere de traiter ces Colonies. Par un Statut fait dans la quatrieme année du préfent regne (un temps où régnoit la plus PROFONDE PAIX) fous prétexte qu'il étoit *expédient de prendre de nouvelles mefures, & faire de nouveaux réglemens, pour étendre le commerce entre la Grande-Bretagne & les pays de la domination de fa Majefté en Amérique*, & qu'il étoit NÉCESSAIRE de LEVER UN REVENU *dans les dits pays, pour retrouver ce qu'il en coûte pour les* DEFENDRE, *protéger & garder*, les COMMUNES DE LA GRANDE-BRETAGNE entreprirent de DONNER & ACCORDER à Sa Majefté, plufieurs taxes & droits payables dans ces Colonies. Pour s'affurer de l'obfervation rigoureufe de cet Acte, on l'a muni d'un grand apparat de peines, d'amendes & de confifcations; & l'on y fait en deux Sections une diftinction remarquable entre les fujets de la Grande-Bretagne & ceux de l'Amérique : dans l'une, les peines & les confifcations, encourues LA, font recouvrables à l'un des GREFFES du Roi à Weftminfter, ou à la Cour de l'Echiquier en Ecoffe : par l'autre Section, les peines & confifcations, encourues ICI, font recouvrables à quelqu'une des Cours de l'AMIRAUTÉ, ou de la VICE-AMIRAUTÉ, AU CHOIX DU DÉNONCIATEUR OU POURSUIVANT.

Les

Les habitans des Colonies, accoutumés à fe confier en la juſtice de la Grande-Bretagne, eurent à peine le temps SUFFISANT pour recevoir & confidérer cet Acte, avant qu'un autre, ſi fameux ſous le nom d'ACTE DU TIMBRE, & paſſé dans la cinquieme année de ce regne, attira toute leur attention. Par ce Statut le Parlement Britannique exerça, de la maniere la plus formelle & la moins équivoque, le pouvoir de nous TAXER, & d'étendre la jurisdiction des Cours de l'AMIRAUTÉ & de la VICE-AMIRAUTÉ dans ces Colonies, juſqu'à des matieres, qui ſont de la compétence du Corps politique de tel ou tel Comté, ordonnant que les peines & les confiscations, qu'on y multiplioit, fuſſent recouvrables aux dites Cours.

La même année un autre Acte nous taxa encore, en établiſſant divers nouveaux Droits de Douane. L'année ſuivante l'Acte du timbre fut révoqué, non comme étant fondé ſur un principe erroné, mais ſelon que s'explique l'Acte de révocation, parce que *ſa continuation entraîneroit pluſieurs inconvéniens, dont les conſéquences nuiroient au Commerce de la Grande-Bretagne.*

La même année, un Acte ſubſéquent déclara, que ſa Majeſté, en Parlement, avoit, de droit, le pouvoir de lier le peuple de ces Colonies par des Statuts DANS TOUS LES CAS QUELCONQUES.

La même année un autre Acte paſſa, pour impoſer des taxes & des droits payables dans ces Colonies. Dans ce Statut les Communes, s'abſtenant des termes de DONNER & D'ACCORDER, *ſupplioient humblement ſa Majeſté qu'il fût ſtatué,* &c. Mais par le préambule, qui déclare que ces taxes & ces droits étoient *pour en remplacer* d'autres accordés par le Statut mentionné précédemment POUR LEVER UN REVENU, & par quelques autres expreſſions, il paroît que les droits dont il s'agit ici étoient impoſés DANS LA MÊME VUE.

L'année ſuivante (1767) on fit un Acte, *pour donner à ſa Majeſté les moyens de mettre les Douanes & AUTRES DROITS en Amérique ſous la régie de Commis*, &c. Sur quoi le Roi érigea ce Bureau de Commis, ſi couteux, qui ſubſiſte encore, dans le deſſein formel de mettre en exécution les divers Actes relativement au REVENU & au Commerce en AMÉRIQUE.

Après la révocation de l'Acte du Timbre, nous nous laiſſâmes aller ſans défiance à notre ancienne affection pour la Puiſſance notre Mere, & évitant avec ſcrupule toute altercation avec elle, dans l'eſpérance d'un changement favorable dans ſes ſentimens & dans ſes procédés à notre égard, nous nous abſtînmes d'appuyer ſur les objections que nous avions à faire contre les Statuts ſuſdits, qui avoient été faits après cette révocation.

Mais le Miniſtere attribuant à des raiſons PUÉRILES une conduite, qui procédoit réellement de motifs généreux, prit pied là-deſſus, cette même année (1767), pour faire un eſſai plus hardi de la patience Américaine.

Dans un Statut appellé communément l'ACTE DU VERRE, DU PAPIER ET DU THÉ, qui fut fait quinze mois après la révocation de l'ACTE DU TIMBRE, les Communes de la Grande-Bretagne revinrent à leur premier langage, & entreprirent derechef de DONNER & ACCORDER *des taxes & droits payables dans ces Colonies*, & cela expreſſément POUR LEVER UN REVENU, *afin de défrayer les charges de* l'ADMINISTRATION DE LA JUSTICE, *le ſupport du* GOUVERNEMENT CIVIL, & *la* DÉFENSE *des pays de la domination du Roi* en ce continent. Les peines & les confiscations doivent être recouvrables DE LA MEME MANIERE que celles dont il eſt fait mention dans les Actes précédens.

A ce Statut, ſi propre par lui-même à troubler la tranquillité qui régnoit alors dans toutes les Colonies, le Parlement, dans la même ſeſſion, en ajouta un autre non moins étrange.

Depuis la concluſion de la préſente paix, l'on n'a ceſſé de tenir une ARMÉE PERMANENTE dans ces Colonies. Le reſpect que portent les Colonies à la Grande-Bretagne, comme à leur mere commune, non-ſeulement leur fit ſouffrir cette innovation; mais les légiſlations provinciales pourvurent généralement à fournir ce qui étoit néceſſaire aux troupes.

L'Aſſemblée de la province de la Nouvelle-York ayant paſſé un Acte à ce ſujet, qui différoit, ſur quelques articles, des directions de l'Acte du Parlement fait dans la CINQUIEME année de ce regne; cela donna lieu à un Statut dans la ſeſſion dernierement mentionnée, portant prohibition à l'Aſſemblée des Repréſentans de cette Colonie, de paſſer aucun bil, ordre, réſolution ou avis, ſi ce n'eſt pour ajournement, ou pour élire un Orateur; & cela juſqu'àce que ladite Aſſemblée eût fait les diſpoſitions requiſes pour fournir aux troupes poſtées dans cette

province les chofes néceffaires exigées, non feulement par le Statut AUQUEL ELLE ÉTOIT ACCUSÉE D'A-
VOIR DÉSOBÉI , mais auffi par deux autres Statuts
SUBSÉQUENS , qu'on déclaroit devoir être en vigueur
jufqu'au 24 Mars 1769.

Ces Statuts de l'année 1767 réveillerent les ap-
préhenfions & les mécontentemens que la révocation
de l'Acte du Timbre avoit fait ceffer ; & au fort des
allarmes qu'on en conçut, on vit paroître un autre
Statut en 1768, pour établir des Cours d'AMIRAU-
TÉ & de VICE-AMIRAUTÉ d'une nouvelle efpece,
deftinées expreffément à recouvrer plus EFFICACE-
MENT les PÉNALITÉS & les CONFISCATIONS qu'or-
donnent les Actes du Parlement, dont le but eft de
lever un Revenu en Amérique, &c.

La tendance directe de ces Statuts eft d'arracher
aux Colonies le droit d'avoir leur part dans la légiflation, en rendant leurs Affemblées inutiles ; le droit
de propriété , en prenant l'argent des Colons fans
leur confentement ; le droit d'être jugé par des Jurés, en leur fubftituant les Cours d'Amirauté & de
Vice Amirauté, dans chacune desquelles préfide un
Juge feul, dont la commiffion eft précaire. Ils tendent encore à rendre la Couronne maîtreffe des Cours
du Droit commun , en mettant les Juges qui les
compofent dans fon entiere dépendance pour leurs
falaires.

Ces Statuts, fans faire mention de tant d'autres
extrêmement répréhenfibles, ces Statuts, dis-je,
doivent caractérifer aux yeux d'un chacun, non feulement un Syftême régulier, à chaque partie duquel
on a donné toute la force poffible, mais auffi une

adhérence opiniâtre à ce Syftême, pour SUBJUGUER ces Colonies, qui ne font point repréfentées dans la Chambre des Communes, & qui ne fauroient l'être par la raifon de leur local & de leurs autres circonftances, & pour les foumettre à l'empire incontrôlable & illimité du Parlement: violant ainfi les libertés & droits indubitables des Colonies, & méprifant leurs fupplications réitérées les plus humbles.

Une telle conduite doit paroître également étonnante, & incapable d'être juftifiée, quand on confidere combien il s'en faut qu'elle ait été provoquée par celle que les Colonies ont tenue. Depuis leur établiffement, leurs plus cruels ennemis n'ont jamais pu les accufer d'avoir manqué de fidélité envers leur Souverain, ni d'affection envers la Grande Bretagne leur mere commune. Dans les guerres que celle-ci a foutenues, elles fe font diftinguées par leurs fecours toutes les fois qu'elle les en a requis ; & elles lui ont rendu des fervices , dont elle a publiquement avoué l'extrême importance. Leur fidélité, leur obéiffance , & leur utilité durant la derniere guerre , ont été fouvent & affectueufement reconnues par le feu Roi, & par le Roi regnant.

Ceux qui en veulent le plus à la liberté de l'Amérique, s'acharnent fur-tout contre la Province de Maffachufetts-Bay; mais pour fentir avec combien PEU de raifon, il n'y a qu'à lire les déclarations d'un homme dont on ne récufera certainement pas le témoignage en leur faveur. C'eft le Gouverneur Bernard, qui, dans fon difcours du 24 Avril 1762, dit aux deux Chambres de l'Affemblée : —— *L'unanimité & la promptitude avec laquelle vous avez acquiefcé aux* DEMANDES DE SA MAJESTÉ, *exige de ma part des actions de graces toutes particulieres,* &c.

Dans un autre Difcours du 27. Mai de la même année, il s'exprime ainfi : *Quel que foit le fuccès de la guerre, c'eft toujours une grande fatisfaction pour nous de pouvoir dire, que cette province a contribué bien amplement pour fa part à la foutenir.* ELLE A ACCORDÉ DE BONNE GRACE TOUT CE QUI A ÉTÉ REQUIS D'ELLE; *& la complete exécution des pouvoirs qui m'ont été remis pour lever des troupes provinciales, a répondu à la bonne volonté de ceux qui les accordoient. Jamais Régimens ne furent fi aifément levés, fi bien compofés, ni de fi bonne heure en campagne, que ceux-ci l'ont été cette année. Le commun du peuple a paru animé du même efprit que l'Affemblée générale, & là lui difputer en fe préfentant à l'envi pour fervir le Roi.*

Telle a été la conduite de ceux de Maffachufetts-Bay durant la derniere guerre. Quant à leur conduite avant cette période, la Grande-Bretagne n'auroit pas dû oublier, qu'en toute occafion ils fe font prêtés conftamment, & de la meilleure grace, aux réquifitions fréquentes de leurs Rois, —— & que c'eft principalement par leurs vigoureux efforts que la Nouvelle-Ecoffe fut foumife en 1710, & Louïsbourg conquife en 1745.

Les inimitiés avec l'étranger étant finies, & les troubles domeftiques au fujet de l'Acte du timbre, qui avoient fuivi de près, étant appaifés par la révocation de cet Acte, l'Affemblée de Maffachufetts-Bay, dans une humble Adreffe, en témoigna fa reconnoiffance au Roi & à divers Seigneurs; & peu après elle paffa un Bil pour indemnifer ceux qui a-

voient fouffert des defordres occafionnés par le dit
Acte.

Ces démarches, & les paffages fuivants, tirés des
lettres écrites en 1768 par le Gouverneur Bernard
au Sécrétaire d'Etat COMTE DE SHELBURNE, font
voir à l'œil l'empreffement, p'ein de gratitude & de
délicateffe, avec lequel ceux de Maffachufetts Bay
ont tâché d'enfevelir dans l'oubli la funefte occafion
des difcordes paffées, & le fcrupule refpectueux avec
lequel ils ont voulu aller au-devant de tout démêlé ultérieur. *L'Affemblée*, dit le Gouverneur, *depuis
l'ouverture de la feffion jufqu'à ce jour, s'eft montré dif-
pofée à* ÉVITER *toute difpute avec moi. Si bien que tout
a paffé de la meilleure grace que je pouvois defirer; ex-
cepté feulement leur perfévérance à* S'ADRESSER *au Roi,
à faire des* REMONTRANCES *au Sécrétaire d'État, & à*
EMPLOYER *un Agent à part.* C'eft L'IMPORTANCE
SEULE DE CETTE INNOVATION, *fans la moindre ob-
ftination ni jaloufie pour ce qui me regarde, qui m'en-
gage à m'en plaindre, dans un temps où je vois les
plus belles apparences de n'avoir que du* BIEN *à dire des
procédés de l'Affemblée* DANS TOUTES LES AUTRES AF-
FAIRES. (21. Janv. 1768.)

EN TOUTES CHOSES, *& même dans leur Remon-
trance, ils en ont agi* AVEC RETENUE & MODÉRATION:
*ils ont évité certains fujets de difpute, & ont pris des
mefures pour* ECARTER *les caufes de quelques altarca-
tions précédentes.* (30. Janv. 1768.)

*L'ufage prudent & convenable que je ferai de cette
Lettre, rétablira, j'efpere, parfaitement la paix & la
tranquillité dans cette Province, d'autant plus que*
l'ASSEMBLÉE DES REPRÉSENTANS A FAIT DES AVAN-

CES CONSIDERABLES *pour arriver à ce but.* (2. Févr. 1768.)

La force de ces Lettres, pour juſtifier la Provin-^{ce} de Maſſachuſetts - Bay, frappera d'autant plus, ſi l'on conſidere qu'elles ont été écrites pluſieurs mois après les nouvelles allarmes données aux Colonies par les Statuts de l'année précédente.

Il eſt à propos, ce ſemble, de faire remarquer ici l'inſinuation qu'on trouve dans un de ces Statuts, comme s'il étoit NÉCESSAIRE que le Parlement ſe mêle de pourvoir au *défrai de* l'ADMINISTRATION DE LA JUSTICE, *du ſupport du* GOUVERNEMENT CIVIL, *& de la défenſe de l'empire du Roi en Amérique.*

Quant aux deux premiers articles de dépenſe, chaque Colonie y a pourvu de la maniere trouvée la plus avantageuſe, & la plus convenable aux circonſtances de chacune, par leurs Aſſemblées reſpectives, qui ſont certes les meilleurs juges de ce qu'il faut à cet égard. Pour ce qui eſt du dernier article, il eſt ſçu de tous ceux qui ont la moindre connoiſ-ſance des affaires de l'Amérique, que les Colonies ſe ſont établies, & ſe ſont généralement défendues elles - mêmes, ſans aucune aſſiſtance de la Grande-Bretagne; & que, dans le temps même où celle - ci les a TAXÉES par les Statuts ſusmentionnés, la plupart de ces Colonies étoient accablées de dettes contractées dans la derniere guerre. Bien loin d'avoir épargné leur argent lorsque leur Souverain demanda leurs ſecours d'une maniere conforme à la Conſtitution, ils reçurent à diverſes repriſes, pendant le cours de la dite guerre, des compenſations du Parlement, pour ce que leur avoient coûté ces efforts généreux auxquels ils s'étoient portés de si bonne grace, en confultant leur zele plus que leurs forces.

Tout féveres que font les Aĉtes fusdits du PARLEMENT, la conduite du MINISTERE n'a pas été moins injurieufe à ces peuples fi dévoués, ni moins capable de les provoquer.

Sous prétexte de les gouverner, l'on a introduit parmi eux nombre d'innovations, conftamment rigides & dangereufes, telles, en un mot, qu'on pourroit les attendre de Maîtres cruels, avides de recueillir le tribut, ou plutôt les dépouilles de Provinces conquifes.

Par un ordre du Roi, l'autorité du Commandant en chef, & des Brigadiers-Généraux, eft déclarée, EN TEMPS DE PAIX, fuprême dans tous les Gouvernemens civils de l'AMÉRIQUE : & ainfi des Officiers, inconnus à la Conftitution de ces Colonies, font revêtus d'un pouvoir militaire abfolu.

L'on a envoyé un grand Corps de troupes, & un nombre confidérable de Vaiffeaux de guerre, pour être en état de prendre à ces peuples leur argent fans leur confentement.

On a multiplié chez eux des Offices coûteux & tyranniques; & l'on y a employé les artifices de la corruption, afin de divifer d'abord, & puis de détruire.

Les Juges des Cours de l'Amirauté & de la Vice-Amirauté ont été autorifés à fe payer de leurs falaires & de leurs émolumens fur les effets, de la confifcation desquels ils doivent décider eux-mêmes; &

les Commis de la Douane ont le pouvoir d'enfoncer les portes, & d'entrer par force dans les maisons, sans avoir besoin pour cela de l'autorité du Magiftrat, fondée, comme cela se doit, sur des informations légales.

Les Juges du Droit commun sont tombés dans l'entiere DÉPENDANCE de la Couronne pour leurs commissions & leurs salaires.

L'on a établi une Cour à Rhode-Island, pour enlever les Colons & les transporter en Angleterre, afin d'y être jugés.

Les Requêtes les plus humbles & les plus raisonnables des Repréfentans du Peuple ont été fréquemment méprisées, & leurs Affemblées arbitrairement & coup sur coup disfoutes.

Quelques exemples feront voir suffisamment, sous quelles fauffes couleurs de juftice on a prétendu fonder ces caffations.

La tranquillité des Colonies ayant été de nouveau troublée par les Statuts de l'année 1767, ainfi que nous l'avons obfervé plus haut; le Comte de Hillsborough, Sécrétaire d'Etat, dans une Lettre au Gouverneur Bernard, en date du 22. Avril 1768, cenfure la PRESOMPTION de l'Affemblée des Repréfentans, pour avoir *réfolu une démarche auffi inflammatoire de fa nature* QU'EST CELLE D'ÉCRIRE AUX AUTRES COLONIES, SUR LE SUJET DES REPRÉSENTATIONS QU'ILS SE PROPOSENT DE FAIRE CONTRE QUELQUES-UNS DES DERNIERS ACTES DU PARLEMENT. Enfuite il déclare, que *Sa Majefté confidere cette démarche comme tendant évidemment à produire des ligues illicites, afin d'exciter une oppofition, également il-*

licite, à *l'autorité conſtitutionnelle du Parlement*. Après quoi il ajoute, *C'eſt* LE PLAISIR DU ROI, *que , ſitôt que la Cour générale ſe raſſemblera, dans le temps pre-ſcrit par la Chartre , vous ayiez à requerir l'Aſſemblée des Repréſentans , au nom de Sa Majeſté , de* BIFFER *la Réſolution qui a donné lieu à la Lettre circulaire de l'Orateur , & déclarer qu'ils déſapprouvent cette démar-che téméraire & inconſidérée, & qu'ils ſont d'un ſenti-ment contraire. Que ſi la nouvelle Aſſemblée refuſe de répondre à l'attente raiſonnable de Sa Majeſté , c'eſt le* PLAISIR DU ROI *que vous la caſſiez immédiatement.*

Cette Lettre n'ayant point été biffée comme l'or-dre le vouloit, l'Aſſemblée fut diſſoute. Des Let-tres pareilles furent envoyées aux autres Gouver-neurs, pour qu'ils tâchaſſent d'obtenir de leurs pro-vinces des Réſolutions qui approuvaſſent la RESCIS-SION de la conduite des Repréſentans de Maſſachu-ſetts - Bay ; à quoi les Repréſentans des autres Co-lonies refuſant de complaire , leurs Aſſemblées fu-rent caſſées.

Ces ordres parloient une langue étrangere, depuis bien des générations, à des oreilles Angloiſes. La no-tion d'Aſſemblée renferme, par ſa nature, celle du droit & du pouvoir de délibérer: or de pareils or-dres, en preſcrivant à une Aſſemblée le jugement qu'elle doit porter de la convenance des choſes qu'on lui demande, ne lui laiſſe que le choix entre la ſoumiſſion dictée & la punition dont on la me-nace. Et pourquoi encore cette punition ? Pour une action eſtimée innocente de la part même des eſclaves; pour avoir réſolu de préſenter des RE-QUETES, afin d'obtenir la réparation des griefs &

la réforme des abus dont ils fouffrent tous également.

L'invafion hoftile & injufte de la Ville de Bofton fuivit ces événemens de près, & dans la même année ; encore que cette Ville, la Province dans laquelle elle eft fituée, & toutes les autres Colonies, par pure & fincere averfion pour tout démêlé avec la Puiffance leur mere, fouffriffent l'exécution actuelle de ces mêmes Statuts, auxquels elles fe contentoient d'oppofer unanimemement leurs plaintes, leurs remontrances & leurs fupplications.

Le Miniftere, déterminé à fubjuguer cet efprit de liberté, qui devroit être CHER & PRÉCIEUX à des Miniftres Anglois, complota une efpece de Monopole avec la Compagnie des Indes Orientales : ce fut d'envoyer à ce Continent d'énormes quantités de THÉ, article fur lequel on avoit eu foin d'impofer un Droit par un Statut, lequel attaquoit fpécialement les libertés de l'Amérique ; ce qui engagea les habitans de ces Colonies à ne pas fouffrir l'importation de cet article. La cargaifon qu'on en envoya à la Caroline méridionale, fut mife-là en magafin ; & l'on ne permit pas de la vendre. A Philadelphie, & à la Nouvelle - York, on empêcha de mettre à terre celles qui avoient été expédiées pour ces places. Quant à celle qu'on avoit apportée à Bofton, fi elle a été détruite, c'eft parce que le GOUVERNEUR HUTCHINSON ne voulut pas permettre qu'on la RENVOYAT.

Sur la nouvelle de ces événemens arrivée en Angleterre, on y choifit la ville de Bofton, comme l'une de celles où l'efprit populaire a le plus d'énergie, pour la DÉTRUIRE ; & il fut décidé que la Province à laquelle elle appartient partageroit fa deftinée. Pour cet effet on paffa, dans la derniere feffion du Parlement, des Actes, pour fermer le Port de Bofton, pour indemnifer les MEURTRIERS des habitans de Bofton, pour changer leur Gouvernement conftitué par une Chartre ; & ces Actes furent renforcés par une Flotte & par une Armée, qui ENVAHIRENT de nouveau cette Province.

L'expofé fimple de ces procédés outrageants fuffit pour en expliquer le but. Car on a beau alléguer que la Province de Maffachufetts-Bay a manqué de refpect à la Grande-Bretagne d'une maniere particuliere, il n'en eft pas moins vrai, que la conduite & la contenance du peuple dans les autres Colonies, ont manifefté une égale OPPOSITION *au pouvoir que le Parlement s'eft* ARROGÉ *fur elles.* Cependant on n'a fait aucune démarche contre aucune d'elles. Cette conduite artificieufe couve divers deffeins. On s'attend que la Province de Maffachufetts-Bay, pouffée à bout, s'abandonnera à quelque violence, qui puiffe déplaire au refte du Continent, ou engager le peuple de la Grande-Bretagne à donner fon approbation à la vengeance préméditée d'un Miniftere IMPRUDENT & COURROUCÉ.

S'il eft à efpérer, d'un côté, que les fentimens modérés & pacifiques de cette province, qui font uniques & fans exemple, fe foutenant, dérouteront cette partie du plan miniftérial ; il l'eft auffi, de l'autre, que les Colonies ne fe laifferont pas intimider jufqu'à abandonner leurs freres qui fouffrent pour la

CAUSE COMMUNE , & qu'elles ne se laisseront pas désunir pour être enfin toutes subjuguées.

Pour donner plus de jeu à l'artifice, on s'est servi encore d'un autre tour. Dans la session susdite du Parlement on passa un Acte pour changer le Gouvernement de Québec. Par cet Acte, la RELIGION CATHOLIQUE - ROMAINE, au lieu d'être simplement tolérée conformement au Traité de paix, est ÉTABLIE ; les Jugemens par des Jurés , & les LOIX ANGLOISES pour les causes civiles, y sont abolis ; & à leur place on y a établi les LOIX FRANÇOISES : ce qui est VIOLER directement la PROMESSE qu'a fait sa Majesté dans sa proclamation royale ; promesse, sur la foi de laquelle nombre de sujéts Anglois se sont établis dans la dite province. Enfin, les limites de cette province ont été étendues tellement, qu'elles renferment toutes les vastes régions qui bordent les frontieres septentrionales & occidentales des Colonies.

Les auteurs de cet arrangement arbitraire se flattent, que les habitans de ces régions, privés de liberté , & provoqués adroitement contre des gens d'une autre religion que la leur, serviront d'instrumens pour opprimer des peuples si différens d'eux , & pour la forme du Gouvernement , & pour la créance.

Le détail des faits que nous avons donné ci-dessus, joint à des avis authentiques qu'on a reçus, ne permet plus de douter, qu'il y a une résolution toute formée, laquelle on travaille actuellement à exécuter pour ANEANTIR LA LIBERTÉ de ces Colonies, en les soumettant à un GOUVERNEMENT DESPOTIQUE

C'eſt dans ces conjonctures funeſtes que nous avons reçu nos ordres, nos pouvoirs & nos inſtructions, pour nous aſſembler, & conſulter enſemble touchant le ſalut commun de ces pays. Si nous avons accepté cette importante commiſſion avec une juſte défiance de nos forces, nous avons tâché du moins de nous en acquitter avec intégrité. L'état où ſont ces Colonies juſtifieroit aſſurément d'autres meſures que celles dont nous ſommes convenus; mais de fortes raiſons nous ont déterminés à préférer celles que nous avons adoptées. En PREMIER lieu, il nous paroît plus conforme au caractere que ces Colonies ont toujours ſoutenu, d'accomplir, au milieu même des traitemens dénaturés qu'on nous fait eſſuyer & des dangers imminens qui nous entourent, tous les devoirs poſſibles de la loyauté; voilà ce qui nous a engagés à préſenter encore une fois à ſa Majeſté les adreſſes de ſes fideles ſujets Américains opprimés. En SECOND lieu, par égard pour le peuple d'un royaume d'où nous dérivons notre origine, pour ce peuple auquel nous & tous nos compatriotes avons porté une affection ſi tendre & ſi conſtante, nous n'avons pu nous empêcher de régler nos démarches d'une maniere qui lui prouve l'attente où nous ſommes, qu'il nous convaincra à ſon tour que nous lui ſommes également chers. C'eſt entre ces Provinces & ce Corps que ſubſiſte le lien ſocial, lequel nous ſouhaitons ardemment n'être JAMAIS rompu, & qui NE SAUROIT l'être, à moins que, changeant de ſentimens, il ne devienne INDUBITABLEMENT NOTRE ENNEMI, ou que ſon INATTENTION ne permette à ceux qui ſe ſont déclarés

nos ennemis, de perſiſter, avec toutes les forces
du Royaume, dans les meſures deſtructives priſes
contre les Colons: car, dans l'un & l'autre cas, on
réduiroit ces derniers à une telle extrêmité, qu'ils
ſe verroient forcés de renoncer à toute autre con-
ſidération, qu'à celle de la défenſe néceſſaire d'eux-
mêmes. Heureuſement, malgré la véhémence avec
laquelle on a précipité les affaires vers ce fatal
point, elles ne l'ont pas encore atteint. Nous n'in-
clinons nullement à accélérer leur motion, qui n'eſt
déjà que trop rapide; & c'eſt ce qui nous allar-
me: au contraire, nous avons choiſi un moyen d'oppoſition, qui laiſſe encore la porte ouverte à une
reconciliation ſincere avec nos concitoyens de delà
l'océan atlantique. C'eſt avec le plus profond cha-
grin que nous nous voyons forcés, par une néces-
ſité urgente, à réſoudre une interruption de commerce avec eux, qui peut leur devenir préjudicia-
ble: mais nous eſpérons qu'ils ne nous accuſeront
d'aucune intention déſobligeante pour ce qui les
regarde, pour peu qu'ils réfléchiſſent, que nous nous
ſoumettons nous-mêmes les premiers aux mêmes inconvéniens; que nous nous voyons expoſés par des
mains violentes à des convulſions publiques auſſi
nouvelles qu'inattendues pour nous; & que nous
luttons pour cette même liberté, pour laquelle nos
ancêtres ont dû ſi ſouvent lutter.

Le temps approche où le peuple Anglois va a-
voir l'occaſion favorable en main de déclarer ſon
ſentiment touchant notre cauſe. Nous avons une
grande confiance en ſa religion, en ſa généroſité,
en ſon bon ſens; & nous ne ſaurions nous perſua-
der

der, en faisant la revue des temps passés, que des Défenseurs de la vraie Religion & des Droits de l'Humanité, en un mot, que des ANGLOIS veuillent prendre parti contre leurs freres Protestans & bien affectionnés des Colonies, & cela en faveur de nos ENNEMIS DÉCLARÉS, qui font aussi LEURS ENNEMIS SECRETS, & dont toutes les intrigues, depuis plusieurs années, ont été dirigées à sapper les fondemens de la LIBERTÉ CIVILE & RELIGIEUSE.

Une autre raison, qui nous a fait préférer le moyen d'opposition que nous présentoit le Commerce, procede de l'assurance que nous avons que ce moyen fera efficace, si l'on s'y attache avec toute la fidélité & la vertu requise : or on ne sauroit douter de l'influence que ces nobles principes auront sur votre conduite. VOTRE salut, & celui de votre postérité, dépend maintenant de vous-mêmes. Vous avez déjà montré, que vous conservez le juste sentiment des précieux biens que vous vous efforcez de retenir. Si donc vous pesez d'un côté les inconvéniens passagers que vous pouvez essuyer d'une suspension de commerce, vous les contrebalancerez de l'autre par les MISERES INTERMINABLES, que vous & vos descendans auriez à endurer de la part d'un POUVOIR ARBITRAIRE ÉTABLI. Vous n'oublierez pas non plus l'honneur de votre patrie, qui va porter le titre, ou glorieux, ou honteux, que lui attirera votre conduite aux yeux du monde entier prêt à vous juger. Enfin vous réfléchirez avec la plus profonde attention, que si le pacifique moyen d'opposition que nous recommandons, alloit être faussé & rendu inutile par votre faute, si les FIERS & CRUELS ennemis que vous

avez dans le Ministere, après avoir témoigné leur
mépris pour vous, & le peu d'opinion qu'ils ont de
votre fermeté, en soutenant que vous n'y tiendrez
pas, alloient voir leur INSOLENTE prédiction accom-
plie ; vous feriez alors nécessairement réduits à la
triste alternative, ou d'une contestation bien plus pé-
rilleuse, ou d'une SOUMISSION FINALE, RUINEUSE &
INFAME.

Ces puissants motifs que vous suggere la malheu-
reuse situation où vous vous trouvez, doivent vous
remplir de zele, & d'attention à donner toute l'é-
nergie possible aux mesures pacifiques destinées à
vous procurer du soulagement. Mais en vous les re-
commandant, nous croyons qu'il est de notre devoir
aussi de vous avertir, que, vu la maniere dont on a
conduit l'attaque formée contre vous, il est de votre prudence de ne pas perdre de vue les ÉVÉNE-
MENS les plus TRISTES, afin que vous soyiez prépa-
rés à tout ce qui peut arriver. Sur-tout, nous vous
conjurons, de vous humilier devant l'Etre suprême,
& d'implorer sa faveur, avec toute la résignation
qui lui est dûe, le répentir de vos fautes & l'amen-
dement qui lui plaisent ; & nous supplions avec fer-
veur sa divine bonté, de vous prendre en sa sainte
garde.

SIGNÉ PAR ORDRE DU CONGRÈS.

Le 5 Septembre le Congrès avoit résolu unanimement, d'adresser la Lettre suivante au peuple de la
Grande Bretagne. Cette Lettre ayant été unanimement approuvée, le Congrès continua ses séances, &

arrêta le 24 Octobre la Convention de Non-impor-
tation.

Lettre du Congrès général au peuple de la
Grande Bretagne.

Philadelphie 5 Septembre 1774.

Amis, & Sujets du meme Souverain que nous,

Lorsqu'une nation, conduite à la grandeur par la
main de la liberté, & en poffeffion de toute la
gloire que le héroïfme, la munificence & l'humanité
peuvent accumuler, s'abaiffe jufqu'à la tâche odieu-
fe de forger des chaînes à fes amis & enfans, &
qu'au lieu de protéger la liberté elle favorife l'efclavage & l'oppreffion; il y a raifon de foupçonner, ou
qu'elle a ceffé d'être vertueufe, ou qu'elle a été extrêmement négligente dans le choix de ceux à qui elle
a confié fa conduite.

Dans prefque tous les âges, parmi de fréquens dé-
bats, au milieu de longues & fanglantes guerres, &
civiles & étrangeres, contre de nombreufes & puis-
fantes nations, malgré les attaques ouvertes d'ennemis déclarés, & la trahifon bien plus dangereufe de
ceux qui fe difoient amis, les habitans de votre Isle,
vos grands & glorieux ancêtres, ont maintenu leur
indépendance, & tranfmis les droits de l'Homme,
avec toutes les douceurs de la liberté, à vous,
leur poftérité.

Ne foyez donc point furpris que nous, qui defcen-
dons comme vous, de ces mêmes ancêtres, que
nous, dont les ayeux, participant à tous les droits,

à toutes les libertés, & à la même Conſtitution dont vous vous glorifiez avec tant de juſtice, ont eu ſoin de nous transmettre ce bel héritage, garanti par la parole ſacrée du Gouvernement, & par des contrats ſolemnels faits avec les Souverains Britanniques ; non, ne ſoyez point ſurpris, que nous refuſions de réſigner ces précieux biens à des gens, qui ne fondent leurs prétentions ſur aucun principe raiſonnable, & qui les font valoir avec le deſſein, de commencer par avoir nos vies & nos biens en leur pouvoir, afin de finir avec plus de facilité par vous rendre eſclaves, vous.

La cauſe de l'Amérique eſt maintenant l'objet de l'attention univerſelle; elle eſt enfin devenue très ſérieuſe. Cette contrée infortunée a été non-ſeulement opprimée, mais noircie, mais calomniée. Ce que nous nous devons à nous - mêmes & à notre poſtérité, ce que nous vous devons à vous, à vos intérêts, au ſalut général de l'empire Britannique, nous a donc engagés à nous adreſſer à vous - mêmes ſur cet important ſujet.

SACHEZ DONC, que nous nous conſidérons nous-mêmes, & que nous inſiſtons à être conſidérés, comme étant, & devant être, auſſi libres que tout autre ſujet l'eſt dans la Grande-Bretagne, & qu'il n'y a pas de puiſſance ſur la terre qui ait le droit de nous prendre notre bien ſans notre conſentement.

Que nous prétendons à tous les avantages qui ſont aſſurés aux ſujets par la Conſtitution Angloiſe, & notamment à l'ineſtimable avantage d'être JUGÉS PAR DES JURÉS.

Que nous tenons pour essentiel à la liberté de tout Anglois, de ne point être condamné sans avoir été admis pour être ouï, ni d'être puni pour quelque crime qu'on lui suppose, sans avoir eu le temps & la liberté de se défendre :

Que nous pensons, que le Corps législatif de la Grande-Bretagne n'est point autorisé par la Constitution, à établir une religion hérissée de dogmes sanguinaires & impies, ni à ériger une forme de Gouvernement arbitraire dans quelque partie que ce soit du monde.

Voilà des droits, que vous & nous croyons sacrés : & cependant, tout sacrés qu'ils sont effectivement, ces droits, & beaucoup d'autres encore, ont été fréquemment & horriblement violés.

Les propriétaires du sol de la Grande-Bretagne ne sont-ils pas maîtres chacun de la portion qui lui en appartient ? Peut-on la leur ôter sans leur consentement ? L'abandonneront-ils à la disposition arbitraire d'un homme ou d'un nombre d'hommes quelconques ? Vous savez bien que non.

Pourquoi donc les propriétaires du sol de l'Amérique seroient-ils moins maîtres de leur propriété que vous de la vôtre ? Ou pourquoi la soumettroient-ils à la disposition de votre Parlement, ou de quelque Parlement ou Assemblée que ce soit au monde, qui ne seroit pas de leur élection ? L'intervention de la mer qui nous sépare, peut-elle causer de la disparité dans des droits ? Ou peut-on assigner une raison pourquoi des sujets Anglois, qui vivent à trois mille miles du Palais royal, jouiroient de moins de liberté que ceux qui n'en sont qu'à trois cents miles ?

La raiſon regarde avec indignation de pareilles diſtinctions, & il eſt impoſſible à des citoyens de jamais concevoir leur convenance. Cependant, tout .chimériques & injuſtes qu'elles ſont, le Parlement ne laiſſe pas d'aſſurer, *que les Parlemens d'Angleterre ont le droit de nous lier dans tous les cas, ſans exception, ſoit que nous conſentions ou non à être liés; qu'ils peuvent nous prendre notre bien, & s'en ſervir, quand & comme il leur plaît ; que tout ce que nous poſſédons, nous ne le tenons de leur généroſité qu'à titre de penſion, ſans pouvoir le retenir, qu'autant qu'ils veulent bien le permettre.* Nous conſidérons de pareilles déclarations comme des HÉRÉSIES en fait de Politique Angloiſe; & nous ſoutenons, qu'ils n'ont pas plus de force pour nous dépouiller de ce qui nous appartient, que n'en ont les Interdits du PAPE pour arracher aux Rois un ſceptre, que les loix du pays & la voix du peuple ont mis dans leurs mains.

Remontez avec nous à la concluſion de la derniere guerre, de cette guerre devenue ſi mémorable par l'habileté & l'intégrité d'un Miniſtre (*), aux travaux duquel l'empire Britannique eſt redevable de ſon ſalut & de ſa réputation ; de cette guerre glorieuſe, à laquelle ſuccéda une PAIX HONTEUSE, négociée & conclue ſous les auſpices d'un Miniſtre (†) ENNEMI, PAR SES PRINCIPES & PAR SA FAMILLE, DU PROTESTANTISME ET DE LA LIBERTÉ. C'eſt à cette époque, & ſous l'influence de cet homme (‡),

---

(*) LORD CHATAM.

(†) LORD BUTE, le mécréant MORTIMER de nos temps.

(‡) De ce SCÉLÉRAT. NB. On donne ici ces petites notes comme elles ſe trouvent au bas du Papier Anglois (*the public* que fe concerta le plan de réduire en efclavage vos concitoyens Américains ; plan, à l'exécution duquel on n'a ceffé depuis de travailler, avec une opiniâtreté qui paffe l'imagination.

Avant cette période vous vous contentiez de tirer de nous les richeffes que vous produifoit notre commerce. Vous géniez notre trafic de toutes les manieres qui vous paroiffoient pouvoir en ramener à vous tout l'avantage. Vous nous prefcriviez les ports & les nations où vous trouviez bon que nos marchandifes fuffent portées, & avec qui vous vouliez bien nous laiffer trafiquer, à l'exclufion de toutes les autres nations. Toutes dures qu'étoient quelques-unes de ces reftrictions, nous ne nous en plaignîmes pas : nous regardions votre fociété civile comme notre mere, à laquelle les liens les plus forts nous attachoient ; & partant de-là, nous nous eftimions heureux d'être les inftrumens de votre profpérité & de votre grandeur.

Nous vous fommons de témoigner vous-mêmes de notre loyauté, & de notre attachement aux intérêts communs de tout l'empire. Eft-ce que nous ne foutînmes pas, durant la derniere guerre, avec toutes les forces de ce vafte Continent, celles qui ont repouffé notre ennemi commun ? Ne quittâmes-nous pas les côtes qui nous ont vû naître, affrontant la mifere & la mort, pour contribuer au fuccès des ar-

---

Ledger N. 4677) imprimé & diftribué publiquement à Londres. Pour ce qui eft de Mortimer, on peut confulter fur ce qui le regarde *Rapin Hift. d'Anglet. T. III, p.* 113 à 161. *Ed. de La Haie* 1733.

mes Britanniques dans des climats étrangers ? Et vous, ne nous REMERCIÂTES - vous pas de notre zele ? Ne nous rendîtes - vous pas de fortes sommes d'argent, que, de votre propre aveu, nous avions avancées au - delà de nos moyens ? Oui, vous le fites.

A quoi devons - nous donc attribuer ce changement subit dans la maniere de nous traiter, & ce syllême D'ESCLAVAGE adopté contre nous dès la reftauration de la paix ?

Avant que nous nous fuſſions relevés des calamités qui accompagnent & ſuivent la guerre, on tenta d'enlever tout l'argent de ce pays par l'Acte tyrannique du timbre. Les Couleurs, le Verre, & d'autres articles que vous ne vouliez pas nous permettre d'acheter des autres nations, furent chargés d'une taxe. Le vin même, qui n'eſt produit dans aucune contrée ſujette à la Grande - Bretagne, vous nous empêchâtes de nous le procurer de l'étranger ſans payer une taxe, impoſée par votre Parlement, ſur tout ce que nous en importons. Ces taxes, & beaucoup d'autres, nous furent impoſées très injuſtement & contre la Conſtitution, dans le deſſein exprès de lever un Revenu. Il eſt vrai que, pour fermer la bouche à ceux qui voudroient ſe plaindre, on déclara que ce Revenu ſeroit dépenſé en Amérique pour la protéger & défendre. Mais le prétexte, d'une prétendue néceſſité de nous protéger & défendre, ne ſauroit juſtifier ces exactions. On diſſipe leur provenu, en le prodiguant aux FAVORIS DE LA COUR, & aux CRÉATURES DES MINISTRES, qui ſont généralement les ennemis déclarés de l'Amérique, & ne s'occupent qu'à donner un tour partial & mauvais aux chofes, pour diffamer les Colonies & les remplir de troubles & de divifions. Nous avons été & nous ferons toujours prêts à pourvoir au fupport néceffaire du Gouvernement ici; & toutes les fois que l'Etat fera dans le cas d'avoir befoin de nous, nous contribuerons, comme nous avons déjà fait ci-devant, notre plein contingent en hommes & en argent. Pour faire réuffir par force un plan que la Juftice & la Conftitution défavouent, on a jetté violemment à bas en Amérique tous les remparts que la fageffe des Bretons nos ancêtres avoit élevés avec tant de foin contre le pouvoir arbitraire ; & l'inéftimable droit d'être JUGÉ PAR DES JURÉS eft ravi aux Américains dans des cas où il s'agit de leur vie & de leurs biens. On ordonna, que *toutes les fois que l'on auroit contrevenu dans les Colonies à l'un des Actes en particulier, qui impofent des droits ou des reftrictions fur le Commerce, le pourfuivant pourroit intenter fon action pour la pénalité devant les Cours de l'Amirauté.* De cette maniere le Sujet perdoit l'avantage d'avoir fon procès fait par des Jurés du voifinage honnêtes & indépendants, & il étoit affujetti à la trifte néceffité de fe voir à la merci d'un feul homme, CRÉATURE de la Couronne, pour en être jugé felon la teneur d'une Loi, qui exempte le pourfuivant de la peine de prouver fon accufation, & foumet le défendeur à l'alternative de faire voir fon innocence ou de fouffrir la peine ordonnée. Pour donner plus d'importance à cette nouvelle Judicature, & apparemment auffi pour mettre à couvert les faux accufateurs, on ordonna en outre, *que le certificat d'un Juge, comme quoi il y avoit eu des caufes probables de faifie & de pourfuite, ga-*

rantiroit le pourfuivant de toute action de Droit commun, qui pourroit lui être intentée pour recouvrement de dommages.

Selon l'ufage de notre Droit, dans tous les lieux de la domination Britannique où il y a des Cours établies, & où la juftice eft duement & régulierement adminiftrée, les délits qui y font commis doivent y être jugés par des JURÉS du VOISINAGE. Ce n'eft que là que l'on connoît & les délinquants & les témoins, & que l'on peut juger du plus ou moins de foi que mérite leur témoignage.

. Dans toutes les Colonies, la juftice y eft adminiftrée avec autant de régularité que d'impartialité. Mais par l'interprétation de certains Actes du Parlement, & par la direction expreffe de certains autres, les transgreffeurs *feront pris par force, & avec eux tous ceux qu'on aura voulu appeller pour témoins, & ils feront tranfportés en Angleterre, afin d'être jugés-là, loin de chez eux, par des* JURÉS ÉTRANGERS: ils y feront fujets, par conféquent, à tous les désavantages qui réfultent du manque d'amis, de témoins & d'argent, dont ils peuvent avoir befoin.

Le projet de fe faire un Revenu des Droits impofés fur l'importation du THÉ en Amérique ayant échoué en grande partie, parce que nous ceffâmes d'importer cet article, le Miniftere, de concert avec la Compagnie des Indes Orientales, fit paffer un Acte, qui autorifoit & encourageoit cette Compagnie à 'e porter, & vendre aux Colonies. Mais comme on ne laiffoit pas de prévoir le danger auquel on s'expoferoit par cette manœuvre infidieufe, à caufe de la taxe permanente que l'on permettoit ainſi de prélever ſur nous, on s'aviſa de divers moyens pour éluder le coup. Ceux de Boſton, gouvernés alors par un homme, qui, ainſi que ſon prédéceſſeur le Chevalier François Bernard, étoit regardé par toute l'Amérique comme l'ennemi commun, furent extrêmement embarraſſés. Les vaiſſeaux avec le thé étoient arrivés; ils vouloient le renvoyer; leur Gouverneur ſut les en empêcher; on alloit en payer les droits, & mettre à terre les cargaiſons; l'aſcendant du Gouverneur alloit attirer & protéger les acheteurs; la ville étoit en ſuſpens; & pendant qu'elle délibéroit ſur cet important ſujet, le thé fut détruit. Suppoſons, ce qui eſt en queſtion, que ce ſoit-là le cas d'un vrai délit, &, que les propriétaires du thé ſoient en droit de prétendre à être dédommagés; les Cours de Juſtice leur étoient ouvertes, & des Juges nommés par la Couronne préſidoient dans ces Cours. Cependant la Compagnie des Indes Orientales ne jugea pas à propos d'intenter un procès là-deſſus, ni de demander ſatisfaction, ſoit de la part de tel ou tel individu, ſoit de la part de la ville en général. Le Mɪɴɪsᴛᴇʀᴇ, à ce qu'il paroît, fit ᴏꜰꜰɪᴄɪᴇᴜsᴇᴍᴇɴᴛ de cela ſa propre cauſe; & la grande Aſſemblée de la nation s'avilit juſqu'à ſe conſtituer partie dans un procès pour la propriété de particulier à particulier. L'on produiſit à cette Aſſemblée divers papiers, des lettres, & autres prétendues preuves, qui n'avoient rien moins que l'authenticité requiſe : mais ni les perſonnes qui avoient détruit le thé, ni le peuple de Boſton, ne furent appellés pour comparoître avec les plaignants, & produire leurs moyens de défenfe. Le Miniftere, outré de voir échouer fon projet favori, renonça tout d'un coup à fes petits artifices, & eut recours à la force ouverte & à la plus lâche violence. Le Port de Bofton fut bloqué par une Flotte, la ville occupée par une Armée, fon commerce fufpendu, & des milliers de fes habitans réduits à vivre de CHARITÉ, jufqu'à ce que, n'en pouvant plus, ils confentiffent à fubir le joug, & à devenir efclaves, en confeffant la toutepuiffance du Parlement, & acquiefçant à tout ce qu'il lui plairoit de faire de leurs vies & de leurs biens.

Que la juftice & l'humanité ceffent, fi vous le voulez, de faire la gloire de votre nation. Mais confultez du moins votre hiftoire, feuillez dans les dépôts de vos tranfactions paffées, recourez même aux annales de tant d'Etats & de Royaumes arbitraires qui vous environnent; & montrez-nous un feul exemple de gens condamnés à expier des crimes qu'on leur a IMPUTÉS, fans avoir été ouïs, fans avoir été CITÉS, fans la moindre forme, au moins fpécieufe, de procès; &, ce qui met le comble à l'iniquité, condamnés, comme ici, en vertu de loix faites à la main, au préjudice de ceux à qui l'on en vouloit, après la commiffion de l'action qu'on defiroit de punir. S'il eft mal-aifé de concilier de tels procédés avec l'efprit & la fageffe de nos Loix & de notre Conftitution; la tâche deviendra encore plus difficile à nos ennemis dans le Miniftere, fi nous les fommons de juftifier, non-feulement d'avoir condamné des gens SANS FORME DE PROCÈS & fur le fimple OUÏ - DIRE, mais d'avoir confondu, en-

veloppé les INNOCENS dans la punition des COUPA-
BLES, d'avoir, pour le fait de trente ou quarante
perfonnes, attiré la pauvreté, la détreffe & la cala-
mité fur TRENTE MILLE AMES, non fur vos ennemis, mais fur vos amis, fur vos freres, fujets avec
vous d'un même prince.

Ce feroit une efpece de confolation pour nous,
fi le catalogue des oppreffions exercées en Amérique finiffoit ici. Nous fommes fâchés de devoir
vous faire fouvenir, que ce fut fur leur confiance
en la FOI DU GOUVERNEMENT, en cette foi facrée
dont la Chartre d'un Souverain Britannique eft le
gage, que les ancêtres des habitans préfents de
Maffachufetts-Bay ont quitté leurs anciens domici-
les, & ont fondé cette grande Colonie fi floriffante
& fi loyale. Cependant, fans avoir encouru la confifcation de leurs droits, fans avoir été chargés de
l'avoir méritée, fans avoir été ouïs, fans forme de
procès, fans loi & fans juftice, un Acte du Parlement DÉTRUIT LEUR CHARTRE, VIOLE LEURS LIBER-
TÉS, CHANGE LEUR CONSTITUTION & leur forme de
Gouvernement. Et tout cela n'eft fondé que fur le
prétexte frivole, que dans une de leurs villes il
s'étoit commis un délit par rapport à certaines marchandifes que l'on difoit appartenir à certaine Compagnie; & puis auffi, que le MINISTERE étoit d'o-
pinion, que ces réglemens d'une Politique tranfcen-
dante étoient néceffaires, pour faire rentrer les fujets dans la fubordination, & les forcer d'obéir à
fes ordonnances.

Nous ne fommes pas encore au bout de nos énormes griefs. Nous pourrions alléguer les Gouver-

neurs DISSOLUS, IMBÉCILLES, MÉCHANS, qu'on nous
a envoyés ; nos assemblées législatives suspendues,
uniquement pour avoir soutenu les droits des sujets
Britanniques ; des gens de rien, indigens, sans mérite & sans capacité, ames damnées de vos grands
personnages, placés dans les tribunaux, ou élevés à
d'autres charges importantes ; les restrictions les plus
dures par lesquelles on a gêné & resserré notre Commerce ; tant d'autres maux moindres, multipliés chez
nous, dont le souvenir est presque étouffé sous le
poids des calamités plus grandes qui nous presse &
nous accable.

Suivez avec nous la marche des Ministres dans
le plan formé pour nous réduire à l'esclavage. Ils
n'ignoroient pas combien il étoit téméraire & sca-
breux d'entreprendre de nous dépouiller de notre
propriété, de nous priver du droit inestimable d'être
jugés par des Jurés, de se saisir de nos personnes
pour nous transporter & nous faire notre procès
dans la Grande-Bretagne, de bloquer nos Ports,
d'annuller nos Chartres, & de changer nos formes
de Gouvernement. Ces entreprises avoient déjà oc-
casionné de grands mécontentemens dans les Colonies ; & les Ministres s'attendoient qu'elles en cau-
seroient bien d'autres encore, qu'on s'opposeroit enfin tout de bon à leurs mesures. C'est pourquoi ils
firent passer un Acte, *pour protéger, indemnifer, &*
mettre à couvert de toute punition, ceux qui se rendroient
coupables, même de MEURTRE, *en prêtant la main à*
l'exécution de leurs édits tyranniques ; & un autre Acte,
par lequel *le Canada reçoit une domination de la plus*
grande étendue, & une nouvelle forme de Gouvernement,

afin que fes habitans, n'ayant rien de commun avec nous, détachés de nos intérêts par des préjugés civils & religieux, plus nombreux de jour en jour par le moyen d'émigrans catholiques venant d'Europe, & dévoués à un Miniftere fi favorable à leur religion, devinffent formidables pour nous, &, lorfque le cas l'exigeroit, des inftrumens, entre les mains des dépofitaires du pouvoir, pour réduire les anciennes Colonies, libres & Proteftantes, à courber fous le joug qui les preffe eux-mêmes.

Il eft évident que ce fut-là le vrai but de cet Acte, & que mettant, par conféquent, notre liberté & notre tranquillité dans le plus imminent danger, nous ne faurions nous empêcher de nous en plaindre, comme d'une hoftilité exercée contre l'Amérique Britannique. Ajoutez à cela, que nous ne pouvons nous difpenfer de déplorer le trifte fort de tant d'infortunés Colons Anglois, qui, fur la foi d'une Proclamation royale, par laquelle on leur garantiffoit la jouïffance de tous leurs droits, ont acheté des biens-fonds dans cette contrée, & s'y font établis. Les voilà maintenant affujettis à un Gouvernement ARBITRAIRE, privés du droit d'être jugés par des Jurés, fans pouvoir, lorfqu'ils feront emprifonnés, réclamer le bénéfice de l'Acte *Habeas Corpus*, ce grand boulevard, ce vrai *palladium* de la liberté Angloife. Enfin, nous ne faurions fupprimer notre extrême étonnement, de voir un PARLEMENT BRITANNIQUE CONSENTIR à ce que l'on établît dans cette contrée une religion, qui a inondé votre Ifle d'un déluge de fang, & qui a répandu fur la furface

de toute la terre l'Impiété, la Bigoterie, la Perfé-
cution, le Meurtre & la Rebellion.

Tel étant au vrai l'état des chofes : confidérez encore avec nous, nous vous en conjurons, à quoi
tout cela doit conduire. Suppofez que le Miniftere,
avec les forces de la Grande-Bretagne, & avec l'af-
fiftance de nos voifins CATHOLIQUES - ROMAINS, réuf-
fiffe à l'emporter fur nous pour les Taxes, à nous
humilier complétement, & à nous réduire à l'efclavage ; une telle entreprife, n'en doutez pas, accroî-
troit votre Dette nationale, qui ne pefe déjà que
trop fur vos Libertés, & vous accable de maltôtiers,
employés, & autres fangfues. Ce n'eft pas trop pré-
fumer non plus, que de vous avertir que votre commerce fouffrira de cela quelque diminution. Mais
après tout, fuppofons que finalement la victoire
vous refte. Quelle fera donc alors votre condition ?
Quels avantages, quels lauriers recueillirez-vous de
votre conquête ?

Les Miniftres, avec les mêmes armes, ne peu-
vent-ils pas auffi VOUS FAIRE ESCLAVES à votre tour ?
Vous nous direz, que *vous cefferez alors de les payer.*
Mais penfez donc au Revenu des Taxes de l'Amérique, à fes Richeffes, à fes Hommes, & notamment
aux Catholiques - Romains de ce vafte Continent,
que vous laiffez, & qui feront alors au pouvoir
de vos ennemis. Quelle raifon, d'ailleurs, auriez-
vous, après avoir fait de NOUS des efclaves', de vous
attendre que plufieurs parmi nous refufaffent d'aider
à vous réduire à cette même condition abjecte.

Ne traitez pas cela de chimere. Sachez que, dans
moins d'un demi-fiecle, les RENTES FONCIERES, ré-
fer-

fervées à la Couronne fur les conceſſions innombra-
bles de ce vaſte Continent, verſeront des richeſſes
conſidérables dans les coffres royaux. Si vous ajoutez à cela le pouvoir de taxer à plaiſir l'Amérique, la Couronne, rendue indépendante de vous &
de vos ſubſides, aura plus de finance qu'il n'en fau-
dra peut-être, pour acheter CE QUI RESTÉ DE LI-
BERTÉ dans votre Iſle. En un mot, prenez garde
de ne pas tomber dans la foſſe que l'on nous creu-
ſe à nous.

Nous croyons qu'il y a encore beaucoup de vertu,
beaucoup de juſtice, beaucoup d'amour pour le bien
public, parmi la nation Angloiſe. C'eſt à cette juſtice que nous en appellons maintenant. On vous
a dit que nous ſommes des mutins, que nous nous
roidiſſons contre le Gouvernement, que nous ne reſ-
pirons que l'indépendance. Ce ſont de pures CALOM-
NIES. Souffrez que nous ſoyions auſſi libres que
vous - mêmes ; & nous ferons toujours de notre union
avec vous notre plus grande gloire & notre plus
grand bonheur ; nous ferons toujours prêts à contribuer de tout notre pouvoir à la proſpérité de l'empire ; nous conſidérerons vos ennemis comme nos
ennemis, & vos intérêts comme les nôtres.

Mais ſi vous êtes déterminés à laiſſer vos Miniſtres ſe jouer impudemment des droits de l'humanité ;
ſi ni la voix de l'équité, ni les ſuggeſtions de l'humanité, ne peuvent retenir vos mains de verſer le
SANG HUMAIN pour une CAUSE ſi IMPIE ; en ce
cas nous devons vous dire, QUE NOUS NE NOUS
SOUMETTRONS JAMAIS A ETRE LES COUPEURS DE

ROIS NI LES TIREURS D'EAU DE QUELQUE MINISTERE NI DE QUELQUE NATION QUE CE SOIT AU MONDE.

Remettez-nous dans la même situation où nous étions à la fin de la derniere guerre, & notre premiere harmonie sera rétablie.

Mais de peur que vous ne demeuriez dans la même nonchalance, & dans la même inattention à notre intérêt commun, que vous avez montrée depuis plusieurs années, nous croyons devoir vous prévenir sur les conséquences qu'elle auroit.

En détruisant le COMMERCE de Boston, les Ministres se sont promis la soumission de ce peuple à leurs mesures. La même fatalité peut nous arriver à tous. Nous tâcherons donc de vivre sans commerce, & de recourir pour notre subsistance à la fertilité & à la bonté de notre sol natal, qui nous fournira tout ce qui est néceffaire à la vie, & même quelques commodités de plus. Nous avons suspendu notre IMPORTATION de la Grande-Bretagne & de l'Irlande; & à moins que l'on ne répare nos griefs, nous discontinuerons dans moins d'une année de temps nos EXPORTATIONS pour ces Royaumes & pour les Indes Occidentales.

C'est cependant avec le plus sensible regret que nous nous trouvons forcés, par les motifs supérieurs & irrésistibles de la préservation de nous-mêmes, d'adopter des mesures ruineuses dans leurs conséquences pour un grand nombre de nos concitoyens dans la Grande-Bretagne & dans l'Irlande. Mais nous espérons, que la magnanimité & la justice de la Nation Britannique nous procurera un Parlement, dont la fageffe, l'indépendance & l'amour du bien public, puiffent fauver & mettre à couvert les droits de tout l'empire, déjà violés, des mauvais deffeins de MINISTRES PERVERS, & de CONSEILLERS MÉCHANTS, en place ou hors de place, & rétablir ainfi cette harmonie, cette amitié & cette affection fraternelle entre tous les habitans des royaumes & territoires de Sa Majefté, qui fait l'objet des plus ardens defirs de tout vrai & honnête Américain.

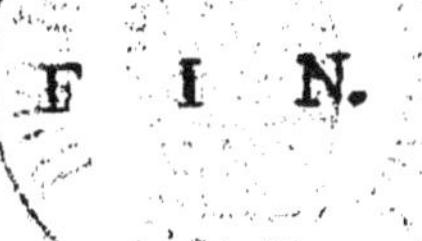

F I N.

9 782329 666778